나에겐 권리가 있어요

글·그림 레자 달반드 | 옮김 이세진

나는 이름과 국적과 가족을
가질 권리가 있어요.

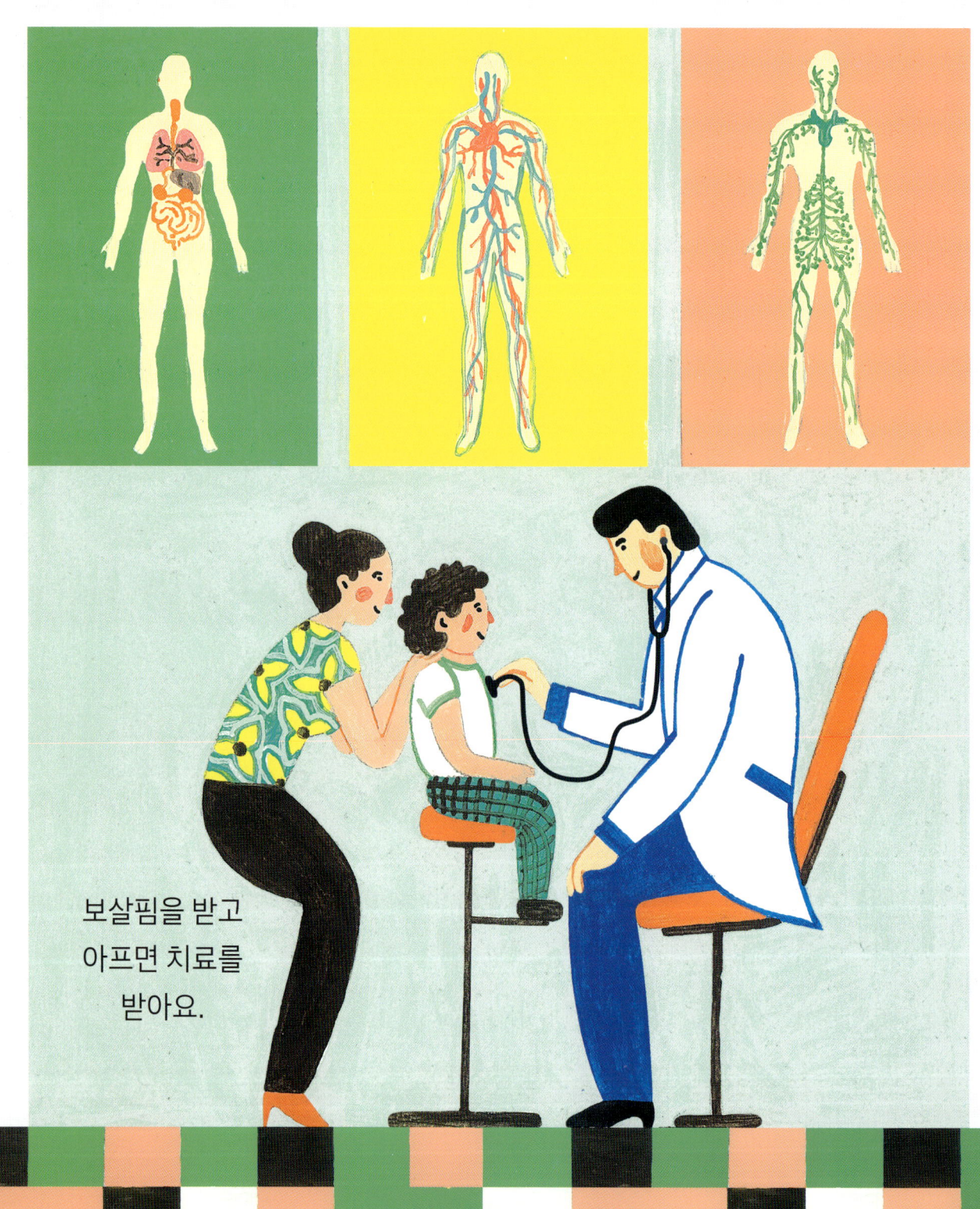

보살핌을 받고 아프면 치료를 받아요.

나는 몸에 좋은 음식을 먹고
깨끗한 물을 마셔요.

학교에 다닐 권리가 있고요.

나는 떠돌아다니지 않고 일정한 곳에서 지내야 해요.

폭력에서 보호를 받고,
학대를 받지 않으며,
이용당하지 않을 권리도 있고요.

나는 차별 당하지 않을
권리가 있어요.
피부색이나 국적 때문에
따돌림을 받는
일이 생기면 안 돼요.

내가 가진 병이나 장애 때문에
버림받는 일이 있어선 안 돼요.

종교나 가족의 배경 때문에 사람들에게 거부를 당하는 일이 생기면 안 돼요.

인터넷, 텔레비전, 책에서 정보를 얻어요.
말이나 글, 그림으로 생각과 느낌을 표현하고요.

신나게 놀고
마음껏 웃을 수 있어요.
친구를 사귈 수도 있고요.

나는 전쟁에 참여하지 않고 전쟁에서 보호를 받아야 합니다.
어린이는 군대에 들어가거나 전투에 참여하지 않아요.

나는 부모님과 함께 살 권리가 있어요.
어쩔 수 없이 떨어져 살더라도 계속 연락할 수 있어야 해요.

나는요, 사랑받을 권리가 있습니다.

1989년에 유엔은 아동권리협약을 만장일치로 채택했어요. 지금은 195개 나라가 이 협약에 가입했습니다. 어린이의 권리를 차별 없이 보장하고 보호하며 모든 조항을 지키도록 노력하겠다고 유엔 앞에서 약속했답니다. 이 권리를 법으로 보장하는 나라에 사는 어린이라면 누구나 존중과 배려를 느끼며 살아가겠지요? 어린이는 신체적으로, 정서적으로 안전하게 자라야 합니다.

하지만 이러한 기본권을 존중하지 않는 나라가 아직도 많아요. 어른들이 어린이 먼저 생각해야 한다는 사실을 깨달을 때까지는 갈 길이 멉니다. 미래에는 어린이가 잘 자라는 것이 무엇보다 중요합니다.

이 책에서 레자 달반드는 어린이와 이들의 보편적 권리에 자신의 예술적 재능을 바쳤어요. 유쾌하고 시적이며 생명력이 꿈틀대는 그림은 어린이의 기본권을 한껏 드높입니다. 여기서 어린이의 권리를 말하는 주체는 어린이 자신이에요. 어린이가 직접 자기 목소리를 냅니다.

모든 어린이에게 권리가 있음을 어떤 어른도 잊지 않도록, 어린이도 일찍부터 이 사실을 알 수 있도록 많은 사람이 이 책을 꼭 읽으면 좋겠습니다.

카트린 게겐(소아 청소년과 의사)

"이 책을 만드는 동안 참 행복했어요. 아이들을 행복하게 해주고 싶은 마음이 날마다 솟아났답니다. 세상에 이보다 아름다운 일이 어디 있을까요? 이 책은 아이들의 목소리를 담아내고 아이들의 권리를 알려준다는 점에서 특별히 소중합니다. 언어, 민족, 종교와 상관없이 세상 모든 아이에게 바치는 경의라고나 할까요."

레자 달반드

J'AI LE DROIT written and illustrated by Reza Dalvand
Copyright © Les Arènes, Paris, 2022
Korean translation rights © CHAEKYEARN, 2023
This edition is published by arrangement
with Les Arènes in conjunction with its duly appointed agents Books
And More Agency #BAM, Paris, France and AMO Agency, Korea.
All rights reserved.

이 책의 한국어판 지작권은 AMO 에이전시를 통해 저작권자와 독점 계약한 책연에 있습니다.
저작권법에 의해 한국 내에서 보호를 받는 저작물이므로 무단 전재와 무단 복제를 금합니다.

나는 전쟁에 참여하지 않을 권리가 있다. Я имею

मुझे देखभाल करने का, बीमारी से   Ho il diritto di non andare in g
सुरक्षित रहने का और अच्छी तरह से Tenho o direito de ter un te
पोषित होने का अधिकार है।

من حق دارم به مدرسه بروم. 笑う権利 J'AI LE

Я имею право ишешь себя.

I HAVE THE RIGHT TO GO TO SCHOOL. 被

ICH HABE DAS RECHT, NICHT WEGEN MEINER BEHINDERUNG ABGELEH

Я имею право на крышу над головой. داشته باشم.

HO IL DIRITTO DI ESSERE BEN NUTRITO. Ich habe

Tengo derecho a tener amigos. Tenho o d

나는 이름과 국적을 가질 권리가 있다.

من حقي ان يكون لي منزل   I HAVE THE RIGHT NOT TO BE TREATED

J'ai le droit de m'exprimer. Я им

मुझे सूचित होने का, खुद को व्यक्त करने का और भाग लेने का अधि

יש לי זכות להביע דעות, לדבר, לא לסבול אלימות

من حق دارم مورد سوء‌استفاده قرار نگیرم.

TENGO DERECHO A NO

मुझे देखभाल करने का, बीमारी से बचाव का من حقي ان يكون لي اصدقاء
और अच्छी तरह से पोषित का अधिकार है।   Ik heb het recht op een naam

TENHO O DIREITO DE FALAR   J'AI LE DROIT D

I HAVE THE RIGHT TO BE LOVED

我有權利擁有一個家庭.

Ik HEB HET RECHT
TE SPELEN